글 이선영

대학원에서 교육학 공부를 마치자마자 어린이책과 인연을 맺었습니다.
언제나 책을 만드는 즐거움을 놓지 않으려고 애써 왔습니다.
그림책을 짓는 할머니를 꿈꾸며 오늘도 즐겁게 글을 쓰고 행복하게 책을 만듭니다.
지은 책으로는 《사시사철 우리 놀이 우리 문화》《연지 곤지 찍은 우리 언니, 부케 든 우리 이모》
《금줄 단 금동이네, 이름표 단 튼튼이》《뚝딱뚝딱 두더지 할아버지》 들이 있습니다.

그림 임광희

홍익대학교에서 시각디자인을 전공하고 한국일러스트레이션학교(HILLS)에서 일러스트를 공부했습니다.
쓰고 그린 책으로 《가을 운동회》가 있고, 그린 책으로는 《길동, 파란 눈의 아저씨와 조선 화약을 만들다》
《홍길동전》《여기는 바로섬 법을 배웁니다》《우당탕탕! 우리 동네 법 대장 나준수가 간다!》
《다음 왕따는 누구?》《금동이네 김장 잔치》 들이 있습니다.

우리말 표현력 사전 5
도대체 뭐라고 말하지? : 말맛 글맛 퐁퐁! 의성어·의태어
글 이선영 그림 임광희

초판 1쇄 펴낸 날 2021년 7월 9일 **초판 5쇄 펴낸 날** 2023년 7월 25일
편집장 한해숙 **기획·편집** 이선영, 이윤진, 신경아 **디자인** 최성수, 이이환
마케팅 박영준, 한지훈 **홍보** 정보영, 박소현 **경영지원** 김효순 **제작** 김도윤
펴낸이 조은희 **펴낸곳** ㈜한솔수북 **출판등록** 제2013-000276호
주소 03996 서울시 마포구 월드컵로 96 영훈빌딩 5층
전화 02-2001-5822(편집), 02-2001-5828(영업) **전송** 02-2060-0108
전자우편 isoobook@eduhansol.co.kr **블로그** blog.naver.com/hsoobook
인스타그램 soobook2 **페이스북** soobook2
ISBN 979-11-7028-784-1 77710

© 2021 이선영, 임광희
※ 저작권법으로 보호받는 저작물이므로 저작권자의 서면 동의 없이 다른 곳에 옮겨 싣거나 베껴 쓸 수 없으며 전산장치에 저장할 수 없습니다.
※ 값은 뒤표지에 있습니다.

우리말 표현력 사전 5

도대체 뭐라고 말하지?

말맛 글맛 퐁퐁! 의성어·의태어

글 이선영 · 그림 임광희

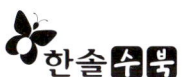
한솔수북

차례

사람을 표현해요

생김새 | 게슴츠레, 호리호리, 우락부락 6

성격 | 데면데면, 시원시원, 호락호락 10

말 | 카랑카랑, 속닥속닥, 왁자지껄 12

움직임 | 되똥되똥, 부랴부랴, 휘청휘청 14

감정을 표현해요

기쁨 | 생글생글, 상긋방긋, 당실당실 18

슬픔 | 그렁그렁, 왈카닥, 꺼이꺼이 20

두려움과 놀람 | 쭈뼛쭈뼛, 조마조마, 안절부절 22

화 | 붉으락푸르락, 티격태격, 옥신각신 24

초등 국어 교과 과정 연계

1학년 2학기 • 2. 소리와 모양을 흉내 내요 | 10. 인물의 말과 행동을 상상해요

2학년 1학기 • 9. 생각을 생생하게 나타내요

2학년 2학기 • 1. 장면을 떠올리며 | 3. 말의 재미를 찾아서

3학년 1학기 • 1. 재미가 톡톡톡

사계절을 표현해요

봄 | 파릇파릇, 산들산들, 소록소록 28

여름 | 송골송골, 이글이글, 참방참방 30

가을 | 선들선들, 드레드레, 휘영청이 32

겨울 | 소복소복, 사락사락, 으슬으슬 34

음식을 표현해요

요리하기 | 우툴두툴, 바락바락, 자글자글 38

먹기 | 오물오물, 홀짝홀짝, 깨지락깨지락 40

의성어·의태어 퀴즈 42

알면 알수록 재미난 우리말 44

사람을 표현해요

사람의 생김새와 성격, 말하고 움직이는 모습을 나타내는 흉내말을 배워요.

우락부락
험상궂은 생김새!

차분차분
꼼꼼한 성격!

생김새

저마다 다르게 생긴 우리의 생김새!
생김새가 다양한 만큼 생김새를 나타내는 흉내말도 무척 많아요.

눈을 뜬 모양을 나타내는 흉내말이에요. 내 눈은 어떤 눈인가요?

눈망울이 크고 열기가 있는 모양	눈이 감길 듯한 모양	눈빛이 맑고 생기 있는 모양	아주 밝고 똑똑한 모양
부리부리	**게슴츠레**	**말똥말똥**	**또랑또랑**

머리 모양도 여러 가지가 있어요. **부스스** 흐트러진 머리 말고,
어떤 머리 모양이 마음에 드나요?

곱슬곱슬	**구불구불**	**뽀글뽀글**	**삐죽삐죽**	**찰랑찰랑**
곱슬머리	웨이브 진 머리	파마머리	솟은 머리	긴 생머리

털이 난 모양을 나타내는 흉내말도 있어요.

털이 촘촘하고 길게 난 모양	군데군데 거무스름한 모양	털이 없어 반반한 모양
수북수북	**거뭇거뭇**	**맨숭맨숭**

피부 모양 가운데 거친 피부는 **푸석푸석**, **까칠까칠**, **거칠거칠**, **꺼칠꺼칠**로,
매끄러운 피부는 **매끈매끈**, **매끌매끌**, **반질반질**로 표현해요.

자글자글, **짜글짜글**, **조글조글**, **쪼글쪼글**, **주글주글**, **쭈글쭈글**은
모두 주름진 피부 모양을 가리켜요.

몸의 모양을 나타내는 흉내말도 있어요.

아주 살찐 모양을 나타내는 의태어로는 **피둥피둥**, **뒤룩뒤룩**이 있어요.
꼬치꼬치 마르거나 **피둥피둥** 살찌면 건강에 좋지 않겠죠?

참, 생김새를 보고 사람을 판단하면 안 돼요.
우락부락 험상궂게 생겨도 **나긋나긋** 상냥한 사람일 수도 있지요.

성격

생김새처럼 성격도 저마다 달라요!
태도나 성격을 나타내는 흉내말에는 어떤 것이 있을까요?

성질이나 태도가 부드럽고 조용하며 찬찬한 모양
차분차분

들떠서 아무 일에나 서둘러 뛰어드는 모양
덤벙덤벙

덤벙덤벙과 비슷한말로는 **덜렁덜렁**, **데면데면**이 있어요.

침착하지 못하고 가볍게 행동하는 모양
덜렁덜렁

꼼꼼하지 않고 조심스럽지 않은 모양
데면데면

내 성격은 누구와 닮았나요?

말

말할 때 목소리의 크기나 높낮이에 따라 다양한 흉내말이 있어요.

사람들이 모여 시끄럽게 떠드는 소리와 모양을 나타내는 흉내말도 있어요.

- 조용!
- 경고 떠든사람
- 얘들아, 그만 떠들어. 시끄럽잖아!
- 와글와글
- 조잘조잘
- 웅성웅성
- 재잘재잘
- 옹성옹성
- 시끌벅적
- 왁자지껄
- 시끌시끌

반대로 여럿이 나지막한 목소리로 조용히 이야기하는 소리와 모양을 나타내는 흉내말도 있지요.

- 캠핑 오니까 정말 좋다.
- 저기 별 좀 봐요!
- 당신처럼 반짝이는군!
- 두런두런
- 도란도란

움직임

사람의 움직임을 나타내는 흉내말은 셀 수 없을 만큼 많아요.

폴짝폴짝과 **풀쩍풀쩍**, **깡충깡충**과 **껑충껑충**은 어떻게 다를까요?
작은 것이 세차고 가볍게 뛰어오르면 **폴짝폴짝**,
큰 것이 세차고 둔하게 뛰어오르면 **풀쩍풀쩍**,
짧은 다리로 뛰면 **깡충깡충**, 긴 다리로 뛰면 **껑충껑충**이지요.
이처럼 움직임의 크기나 힘에 따라 조금씩 쓰임이 달라요.

상황에 맞게 흉내말을 잘 써야 해요. 안 그러면 말의 뜻이 잘 전달되지 않아요.

흉내말을 잘 쓰면 움직이는 모습이 더욱더 생생해져요.

감정을 표현해요

감정이 드러나는 표정과 모습을 나타내는 흉내말을 배워요.

싱글벙글
웃는 얼굴!

훌쩍훌쩍
우는 얼굴!

기쁨

기쁠 때는 여러 가지 웃음이 저절로 나와요.
소리 없이 **빙긋**, **방긋**, **싱긋**, **생긋**, **빙그레**, **방그레**, **배시시** 웃기도 하고,

소리 내어 **하하**, **호호**, **흐흐**, **히히**, **허허**, **깔깔** 웃기도 하지요.

키드득	까르르	피식	껄껄
참다못해 새어 나오는 웃음소리나 모양	한꺼번에 자지러지게 웃는 소리나 모양	입술을 힘없이 터뜨리며 싱겁게 웃는 소리나 모양	우렁찬 목소리로 시원하게 웃는 소리
키드득	까르르	피식	껄껄

또 **흥얼흥얼** 노래를 부르기도 하고, **덩실덩실** 춤을 추기도 해요.

슬픔

슬플 때는 마음이 아프고 눈물이 나요.
슬픈 모습을 나타낼 때 쓰이는 흉내말에는 어떤 것이 있을까요?

누가 더 슬프게 우는 것 같나요?

누군가가 슬퍼하고 있다면, 따뜻하게 위로해 주어요. 어렵지 않아요!
눈물을 닦아 주고, 어깨를 두드려 주고, 안아 주면 되지요.

그러면 슬픔이 멀리 달아날 거예요!

두려움과 놀람

깜짝 놀라거나 두렵고 무서웠던 적이 있나요?
그때 기억을 떠올리며 흉내말을 써서 표현해 봐요.

두렵고 놀랄 만한 일이 눈앞에 닥치면 어떻게 될까요?

몸이 **부들부들** 떨리고,
바들바들 파들파들 와들와들

마음이 **조마조마** 초조하고,
아슬아슬 두근두근 콩콩

눈앞이 **흐릿흐릿** 깜깜해지고,
어득어득 아득아득

머릿속도 **오락가락** 흐려져요.
가물가물 어룽어룽 깜빡깜빡

안절부절 어쩔 줄 몰라 하기도 하고,
머뭇머뭇 주저주저 갈팡질팡

옴짝달싹 못 하기도 해요.
움쩍달싹 꼼짝달싹

이럴 때는 숨을 깊게 내쉬고, 주문을 외워 보아요.
'괜찮아, 이건 아무것도 아니야!'
두근대는 마음이 조금씩 편안해질 거예요.

화

화가 나면 불이 붙은 것처럼 마음이 뜨거워져요.
얼굴은 잔뜩 찌푸려지고요. 또, 어떻게 될까요?

가끔은 화를 참지 못해 서로 다투기도 해요.

티격태격은 서로 뜻이 안 맞아 이러니저러니 시비를 따지며 가리는 모양이에요.

비슷한 뜻을 지닌 흉내말이 또 있어요.

다투었을 때 먼저 '미안해!'라고 말해 보는 건 어떨까요?
그럼 상대방도 '나도 미안해!'라고 할 거예요.

사계절을 표현해요

봄, 여름, 가을, 겨울과 관련된 다양한 흉내말을 배워요.

봄

흉내말만으로도 봄이 온 걸 느낄 수 있어요.

봄에는 따스한 봄바람이 **살랑살랑** 불지요. 봄바람이 불면?

봄을 알리는 반가운 봄비도 **보슬보슬** 내려요.
비가 내리는 모양에 따라 다양한 흉내말이 있어요.

여름

바람 한 점 없이 **푹푹** 찌는 여름에는 땀이 나지요.

땀이 살갗에 잘게 많이 돋아난 모양	땀을 매우 많이 흘리는 모양	얼굴이 벌그레하게 뜨거워지는 모양
송골송골	**뻘뻘**	**이글이글**

그럴 때 시원하게 **첨벙첨벙** 물놀이를 하는 게 어때요?

선득선득 서늘한 바람이 부는 숲으로 놀러 가도 좋아요.

또! **오싹오싹** 무서운 이야기를 듣다 보면 더위가 싹 달아나지요.

더위를 물리치는 방법에는 또 무엇이 있을까요?
차가운 수박이나 팥빙수를 먹으면 온몸이 시원해지지요.

가을

더위가 **주춤주춤** 물러가면 가을이 와요.

또, 가을이 되면 열매가 먹음직스럽게 열려요.

가을 하면 또 무엇이 떠오르나요?

겨울

눈이 **소복소복** 쌓인 날, 즐거웠던 추억이 있나요?

눈이 내리는 모양을 나타내는 흉내말도 여러 가지가 있어요.

추운 겨울 날씨에는 감기에 걸리기 쉬워요. 감기에 걸리면?

감기에 안 걸리려면 옷을 따뜻하게 입어야겠지요?
밥도 잘 먹고, 잘 자고, 깨끗이 씻는 것도 중요해요.

음식을 표현해요

음식과 관련된 여러 가지 흉내말을 배워요.

뚝딱뚝딱 요리하기

꼬물꼬물

썩둑썩둑

길쭉길쭉

반들반들

자글자글

꿀떡꿀떡 먹기

냠냠 쩝쩝   잘근잘근 오물오물

맛있겠다! 침이 **꼴깍꼴깍** 넘어가!

흉내말을 쓰면 요리를 하고 먹는 모습이 더 생생하게 느껴져!

요리하기

요리를 하려면 먼저 재료를 준비해야겠죠?
다양한 재료만큼이나
재료와 어울리는 재미있는
흉내말도 참 많아요.

이제 여러 가지 재료를 가지고 낙지볶음을 **뚝딱뚝딱** 만들어 보아요!

① 낙지를 주물러서 깨끗이 씻어요. 바락바락

② 낙지와 채소를 먹기 좋게 썰어요. 싹둑싹둑 썩둑썩둑

③ 프라이팬에 재료와 양념을 넣고 볶아요. 자글자글

④ 그릇에 담고 깨를 뿌리면 완성! 듬뿍 솔솔

또 어떤 요리를 해 볼까요?

보글보글 끓인 — 꼬불꼬불 라면

달달 볶은 — 고슬고슬 볶음밥

폭폭 삶은 — 포슬포슬 감자

모락모락 찐 — 오톨도톨 시루떡

지글지글 구운 — 노릇노릇 전

바삭바삭 튀긴 — 파사삭 새우튀김

먹기

침이 **꿀꺽** 넘어가는 요리를 **냠냠 쩝쩝** 맛있게 먹어요.

무언가를 마실 때는 어떤 흉내말이 어울릴까요?

혹시 밥을 이렇게 먹지는 않겠죠? 음식은 골고루 천천히 잘 씹어 먹어요.

의성어·의태어 퀴즈

 빈칸에 들어갈 알맞은 흉내말을 보기에서 찾아보세요.

눈을 _____ 뜨다.　　엉덩이를 _____ 흔들다.　　_____ 귓속말하다.

고개를 _____ 젓다.　　봄바람이 _____ 불다.　　라면이 _____ 끓다.

<보기>　게슴츠레　버럭버럭　절레절레　끄덕끄덕
　　　　소곤소곤　살랑살랑　보슬보슬　보글보글
　　　　부리부리　포동포동　실룩실룩　바삭바삭

 그림을 보고 감정을 나타내는 흉내말을 알맞게 써 보세요.

_____   _____   _____   _____

 어색하게 쓰인 흉내말을 어울리는 흉내말로 바꾸어 보세요.

12월 28일 일요일

제목: 눈이 **차분차분** 쌓인 날

난 겨울이 좋다.
찬 바람이 **쌩쌩** 불고 춥지만,
하얀 눈이 **주룩주룩** 내리면
신나게 놀 수 있으니까!
또, **후루룩** 입김을 불며 먹는
바삭바삭 군고구마는 정말 꿀맛이다!
아, 생각만 해도 군침이 돈다.

알면 알수록 재미난 우리말

같은 흉내말이라도 뜻이 다르게 쓰일 때도 있어요.

꼬치꼬치는 낱낱이 따지고 캐어묻는 모양을 뜻하기도 해요.

지글지글은 못마땅하여 마음을 졸이는 모양을 뜻하기도 해요.

데면데면은 사람을 대하는 태도가 친밀감이 없이 예사로운 모양을 뜻하기도 해요.

졸졸은 작은 동물이나 사람이 자꾸 뒤를 따라다니는 모양을 뜻하기도 해요.